ÚLTIMA LIÇÃO

Diogo Freitas do Amaral

ÚLTIMA LIÇÃO

A evolução
do Direito Administrativo português
nos últimos 50 anos

ÚLTIMA LIÇÃO

AUTOR

DIOGO FREITAS DO AMARAL

EDITOR

EDIÇÕES ALMEDINA, SA
Avenida Fernão de Magalhães, n.º 584, 5.º Andar
3000-174 Coimbra
Tel: 239 851 904
Fax: 239 851 901
www.almedina.net
editora@almedina.net

PRÉ-IMPRESSÃO • IMPRESSÃO • ACABAMENTO
G.C. GRÁFICA DE COIMBRA, LDA.
Palheira – Assafarge
3001-453 Coimbra
producao@graficadecoimbra.pt

Junho, 2007

DEPÓSITO LEGAL
260618/07

Os dados e as opiniões inseridos na presente publicação
são da exclusiva responsabilidade do(s) seu(s) autor(es).

Toda a reprodução desta obra, por fotocópia ou outro qualquer processo,
sem prévia autorização escrita do Editor,
é ilícita e passível de procedimento judicial contra o infractor.

Nota Introdutória

Tendo tido de requerer a minha aposentação aos 65 anos, antes do limite de idade legal, por razões de saúde, verificou-se que, ainda assim, me reformei ao fim de 42 anos de serviço docente universitário.

O Conselho Científico da Faculdade de Direito da Universidade Nova de Lisboa convidou-me, em termos muito elogiosos e gratificantes, que reconhecidamente agradeço, para proferir a minha *última lição*, de acordo com a praxe académica, no ano lectivo em que me aposentei.

É o texto integral dessa aula – a que me deram o grande gosto de assistir, não apenas actuais e antigos alunos, mas também muitos colegas, familiares e amigos – que se publica neste opúsculo.

DIOGO FREITAS DO AMARAL

A evolução
do Direito Administrativo português
nos últimos 50 anos

Texto escrito da "última lição" proferida no grande auditório da Reitoria da Universidade Nova de Lisboa, em 22 de Maio de 2007.

Introdução

1. Começo por uma breve justificação do tema desta minha *última lição*: "A evolução do Direito Administrativo português nos últimos 50 anos".

A escolha de um tema geral de Direito Administrativo baseia-se, naturalmente, no facto de ser essa a minha principal área de especialização – aquela em que me doutorei, sobre a qual mais aulas dei, e em que publiquei a maioria dos meus trabalhos académicos.

Quanto à preferência por um olhar panorâmico sobre o último meio século, ela será fácil de compreender se vos disser que entrei como aluno para a Faculdade de Direito da Universidade de Lisboa em Outubro de 1958, pelo que faltam apenas alguns meses para se completarem 50 anos sobre o início dos meus estudos jurídicos.

Esta aula cobrirá, pois, as cinco décadas que decorreram desde que iniciei a minha condição de estudante de Direito até ao ano em que terminei a minha condição de professor de Direito.

Um título alternativo para a lição de hoje podia bem ser – "De aluno caloiro a professor aposentado: 50 anos de estudo e ensino do Direito".

2. Dividirei a exposição em três partes, mantendo-me assim fiel ao modelo ternário que parece ser proveniente da nossa tradição indo-europeia:
- Na primeira parte, farei a comparação entre o Direito Administrativo da última quinzena do Estado Novo e o da primeira quinzena do actual regime político (1958-1990);
- Na segunda, que abarca os últimos 17 anos decorridos até hoje (1991-2007), aludirei às três grandes reformas estruturais ocorridas nesse período – a do procedimento administrativo em 1991, a do contencioso administrativo em 2002, e a da administração central do Estado em 2006;
- Por fim, na terceira parte, voltarei o meu olhar para a evolução da Ciência do Direito Administrativo portuguesa nos últimos 50 anos.

3. Este programa é, como vêem, vasto e ambicioso. Mas espero ser capaz de o tratar com espírito de síntese, de modo a respeitar – como sempre fiz – o vosso legítimo tempo de recreio antes da aula seguinte...

I

Do Direito Administrativo do Estado Novo ao Direito Administrativo da Democracia (1958-1990)

4. Foi logo no 2.º ano do meu curso de Direito que, em 1959-60, como aluno do Professor Marcello Caetano, tomei conhecimento das linhas gerais do Direito Administrativo português de então. Foi para mim uma sorte ter como professor da cadeira esse ilustre universitário, a cujas qualidades científicas e académicas desejo prestar, uma vez mais, a minha sincera homenagem.

5. É geralmente sabido que o Direito Administrativo, de todos os ramos do direito, é aquele que mais de perto reflecte e acompanha as vicissitudes da evolução política e do Direito Constitucional. Por isso, num momento inspirado, Fritz Werner chamou ao Direito Administrativo – "Direito Constitucional concretizado".

E assim, tal como da Constituição de 1911 tinha nascido um Direito Administrativo republicano e liberal, também da Constituição de 1933 proveio um

Direito Administrativo autoritário e conservador, e da Constituição de 1976 resultou, com naturalidade, um Direito Administrativo democrático e de forte cunho social.

Comparemos então, nas suas grandes linhas, os traços mais característicos do nosso Direito Administrativo na última quinzena da Ditadura e na primeira quinzena da Democracia.

6. Foi no capítulo da *organização administrativa* que as rupturas com o antigo regime se manifestaram de forma mais rápida e mais profunda.

A primeira grande transformação foi, de acordo com o princípio democrático, a passagem de muitos lugares dirigentes da Administração pública, de cargos de livre nomeação governamental para cargos electivos – na administração insular, nas autarquias locais, nas universidades e institutos politécnicos, e em várias outras organizações administrativas.

Por seu turno, de uma administração fortemente centralizada e controlada, passou-se num ápice para um modelo amplamente descentralizado e dotado de considerável autonomia – quer no plano territorial, com as regiões autónomas e as autarquias locais, quer no plano institucional, desde o exemplo já referido do ensino superior público, passando por muitos outros, até se chegar à mais recente *coqueluche* das "entidades reguladoras independentes". Observando este vastíssimo leque de organismos autónomos, percebe-se bem quanto o modelo actual de administração pública diverge do modelo típico da Constituição de 1933, que era auto-proclamado como uma "forma autoritária do Estado, fortemente integradora de todos os poderes, e avessa às francas autonomias" ([1]).

Em terceiro lugar, e de harmonia com o imperativo constitucional de uma descentralização substantiva, e não apenas formal, a tutela administrativa do Governo sobre as autarquias locais, que dantes tinha o duplo carácter de um controlo de legalidade e de mérito, foi reduzida a uma simples tutela de legalidade (Const., art. 242.º, n.º 1).

Em quarto lugar, o dever de obediência dos funcionários públicos aos seus legítimos superiores hierárquicos deixou de ser cego, mecânico e quase absoluto, para passar a ser juridicamente limitado, de acordo com o princípio do Estado de Direito, sobretudo nos casos em que a ordem do superior seja considerada manifestamente ilegal ou implique a prática de um crime.

Por último, esboçou-se a conversão de um sistema administrativo concentrado no topo das hierarquias para um sistema tendencialmente desconcentrado. Contudo, a directiva constitucional traçada nesta matéria (art. 267.º, n.º 2) ainda está longe de ter sido plenamente cumprida, sobretudo no que toca à administração periférica do Estado.

De toda a maneira, podemos fundadamente concluir que a um Estado autoritário – dotado de uma administração pública unitária, concentrada e centralizada – sucedeu um Estado Democrático de Direito, cuja administração é semi-regionalizada, tendencialmente desconcentrada, amplamente descentralizada e de base democrático-electiva. Neste capítulo, por conseguinte, as rupturas foram predominantes, como não podia deixar de ser.

O único ponto que falta cumprir do programa constitucional de 1976, com vista à completa reestruturação da nossa Administração Pública, é o da *regionalização* do Continente (arts. 255.º a 262.º). Sabe-se como a matéria, em três décadas, de tema consensual e unânime, que foi, na Assembleia Constituinte, passou a ser um assunto controverso e delicado. Mas parece-me que já é tempo de tomar uma decisão corajosa: ou se cumpre a Constituição, regionalizando o Continente – seja qual for a fórmula concreta encontrada –, ou se suprime de vez da nossa Lei Fundamental o dever de regionalizar. O que um Estado Democrático de Direito não pode fazer – se se quiser dar ao respeito – é passar 30 anos seguidos, numa questão tão importante, em situação de flagrante inconstitucionalidade por omissão [2].

7. Olhando agora para as formas jurídicas da *actividade administrativa*, as soluções de ruptura com o passado foram menores e as principais linhas de continuidade prevaleceram, pelo menos até 1991 (como explicarei adiante).

Apesar de tudo, algumas mudanças com bastante significado tiveram lugar nos primeiros anos do novo regime, quase todas condensadas no importante Decreto-Lei n.º 256-A/77, de 17 de Junho, apresentado pelo Ministro da Justiça, dr. Almeida Santos, que veio revogar o sistema autoritário da decisão administrativa *self-evident*, dispensada de qualquer fundamentação escrita mínima, e substitui-lo pelo sistema (mais adequado) da obrigação de fundamentar expressamente, e por escrito, pelo menos todos os actos administrativos que afectem os direitos individuais ou que imponham ou agravem deveres, encargos ou sujeições.

O velho princípio "quem manda, manda bem" foi assim substituído pelo princípio da "autoridade explicativa" – segundo o qual, em democracia, não basta mandar, é preciso explicar constantemente as razões determinantes das decisões que vão sendo tomadas ([3]).

A inexistência do *dever geral de fundamentar* os actos administrativos, bem como a falta do dever geral de antepor à decisão final a *audiência prévia dos interessados*, eram dois grandes factores de enfraquecimento da posição jurídica dos particulares diante da Administração, o que tornava bem mais simples para esta a tarefa de governar e administrar nos tempos idos do Estado Novo.

(Entre parêntesis, contar-vos-ei aqui uma pequena história – aliás, verdadeira – que costumo referir nas minhas aulas, e que mostra bem a grande liberdade de movimentos de que gozava antigamente a Administração pública. Quando, nos primórdios do Estado Novo, uma boa parte do Governo era ainda constituída pelos militares de Maio, foi convidado para Ministro do Interior o prestigiado General Vicente de Freitas; de início muito relutante, dada a sua total inexperiência política, acabou por aceitar, contrariado; mas, ao fim de um ano no exercício das suas funções, o General – já todo confiante e satisfeito – confidenciou aos seus amigos mais íntimos:

> – "Afinal, meus caros, isto de ser Ministro é muito mais fácil do que eu pensava: é só escrever, em cada processo que vem a despacho, duas palavras muito simples: "Concordo. Freitas"!").

8. No que toca às garantias jurisdicionais dos particulares, o regime autoritário da Constituição de 1933, bem como a influência marcante das concepções francesas sobre o *régime administratif*, herdadas do modelo napoleónico, traduziu-se num conjunto de soluções que beneficiavam por sistema a Administração em detrimento dos particulares. Tudo isso se foi alterando na sequência da Constituição de 1976, lógica e naturalmente preocupada com os direitos fundamentais dos cidadãos e com a sua protecção jurisdicional efectiva face aos comportamentos ilegais ou danosos da Administração.

Última Lição

No entanto, sendo este um terreno mais difícil, e menos aprofundado pelos administrativistas de então, as mudanças legislativas foram lentas, pontuais e insuficientes – apesar de globalmente positivas.

Logo em 1974, os tribunais administrativos foram transferidos da sua anómala localização na Presidência do Conselho para a "casa comum" de todos os tribunais, que é o Ministério da Justiça.

No ano seguinte, foi criada a utilíssima figura do *Provedor de Justiça*, que a Constituição consagraria em 1976 (art. 24.º).

Depois, em 1977, o já citado diploma do Ministro Almeida Santos alterou em profundidade o regime da execução das sentenças dos tribunais administrativos, que eu tanto havia criticado na minha dissertação de doutoramento, dez anos antes. A nova regulamentação estabelecida revelou-se ajustada e perdurou até hoje, nas suas linhas essenciais.

Finalmente, em 1984-85, o então Ministro da Justiça Rui Machete fez uma primeira reforma do nosso contencioso administrativo, ainda parcelar e cautelosa, como era razoável na época, mas que já continha em si o gérmen da segunda reforma, de 2002: plena independência dos tribunais administrativos, reforço das garantias processuais dos particulares, alargamento do controlo jurisdicional dos regulamentos e dos actos administrativos ilegais, bem como – através das "acções para o reconhecimento de direitos ou interesses legítimos" – esboço da futura evolução de um contencioso *de mera anulação*, de modelo francês, para um contencioso *de plena jurisdição*, comum aos modelos inglês e alemão.

9. Resumindo, direi que as reformas introduzidas entre 1976 e 1990 foram necessárias para fazer reflectir no plano do Direito Administrativo as novas ideias filosóficas, políticas e jurídicas que inspiraram no plano teórico a Revolução do 25 de Abril de 1974 – e que impulsionaram na prática as grandes alterações económicas, sociais e culturais que desde então transformaram profundamente o Estado e a sociedade portugueses.

Todas as reformas que enumerei e comentei eram, pois, necessárias. Mas seriam suficientes? Não eram. Faltava ir mais fundo e mais longe, levando até às suas últimas consequências a mudança estrutural ocorrida em 1974. Foi o que se fez no período seguinte, entre 1991 e 2006, conforme passo a explicar.

II

As grandes reformas estruturais
(1991-2006)

a) *Preliminares*

10. Como terá ficado subentendido no que vos disse até aqui, as profundas mutações do Direito Administrativo português que ocorreram a partir de 1974 não foram, nos primeiros tempos, mudanças estudadas, debatidas em público e concebidas com uma visão de conjunto: a marca principal dessa fase, que durou de 1974 a 1990, foi a vontade de atalhar ao mais urgente e de, assim, corrigir os erros e preencher as lacunas do Direito Administrativo do Estado Novo.

É curioso sublinhar que essa fase das reformas avulsas e pontuais no plano administrativo coincidiu, quase por completo, com a fase política dos governos de curta duração – isto é, os 6 governos provisórios e os 12 primeiros governos constitucionais (até meados de 1987).

Muito diferentemente, a fase seguinte – que foi a das reformas globais assentes em estudos prévios, debate público e visão de conjunto – coincidiu com governos duradoiros, apoiados no parlamento em maiorias absolutas ou em minorias não derrotáveis por moções de censura. Confirma-se, assim, mais uma vez, que o reformismo – quer político, económico e social, quer jurídico – só é possível com estabilidade parlamentar e eficácia governativa.

11. As reformas estruturais mais importantes, efectuadas no plano do Direito Administrativo na segunda quinzena do actual regime democrático, foram as seguintes:

– A elaboração do primeiro *Código do Procedimento Administrativo* português, publicado em 1991, e que entrou em vigor em 1992;
– A elaboração do segundo *ETAF – Estatuto dos Tribunais Administrativos e Fiscais* e do primeiro *Código de Processo nos Tribunais Administrativos*, ambos publicados em 2002, e que entraram em vigor em 2004;
– A elaboração, publicação e imediata entrada em vigor, em 2006, da 1.ª fase do *PRACE – Programa de Reestruturação da Administração Central do Estado*.

A todas estas reformas estive pessoalmente ligado, embora em qualidades diferentes: quanto ao Código do Procedimento Administrativo, fui co-autor; quanto à reforma do contencioso administrativo, fui co--autor do primeiro anteprojecto e revisor e apoiante da versão final; quanto ao PRACE, fui co-responsável político como membro do Governo, embora sem intervenção técnica ou jurídica, por as funções ministeriais que ocupava em 2005-2006 não me deixarem tempo suficiente para isso.

12. Não aprofundarei hoje aqui a análise do conteúdo e alcance do PRACE, apesar da sua grande amplitude e decisiva importância, não só pela última razão aludida, mas sobretudo porque ele não alterou nenhum princípio jurídico fundamental do nosso Direito Administrativo, antes teve (e tem) sobretudo a ver com a Ciência da Administração Pública e com a Ciência das Finanças. Todos sabemos porquê.

Focarei, portanto, as minhas atenções na legislação inovadora sobre o procedimento administrativo e na reforma do contencioso administrativo.

b) O Código do Procedimento Administrativo, de 1991

13. Faço à minha assistência a justiça de acreditar que tem uma noção aproximada do que seja o "procedimento administrativo", ou seja, o modo de proceder típico da Administração pública no desem-

penho das suas funções. Nos tempos do Estado Novo chamava-se, por influência do nosso direito medieval, "processo administrativo gracioso" (o que, na gíria académica do meu tempo, os alunos definiam como sendo "o melhor método de fazer exames orais de Direito Administrativo quando o professor estava bem humorado e *achava graça* ao aluno...").

As coisas mudaram. E as decisões tomadas pela Administração pública, mesmo quando são favoráveis aos particulares, já não podem ser entendidas como uma graça do Soberano, mas como o reconhecimento de um direito pré-existente do particular, ou como atribuição a este de um direito novo. Daí que a designação antiga tenha dado lugar a uma denominação moderna – a de "procedimento administrativo".

A nossa Constituição, também aqui inovadora, encarregou o legislador ordinário, logo em 1976, de elaborar uma "lei especial" que regulasse "o processamento da actividade administrativa" (art. 268.º, n.º 3; hoje, art. 267.º, n.º 5). Mas levou 15 anos a cumprir essa directriz constitucional!

14. Seria fastidioso para todos enumerar, nesta lição de síntese, todas as inovações relevantes trazidas pelo Código – que eu próprio, em 1980 (aquando da 1.ª versão do projecto), afirmei publicamente serem em número de 50. Destacarei apenas, pela sua importância decisiva, as 10 maiores inovações. E para

vos mostrar como é infundada a crítica de que este Código só atribui direitos aos particulares, ao mesmo tempo que aumenta indefinidamente o número de deveres, limites e embaraços impostos à Administração, dividirei aquelas dez inovações em dois grupos:

a) De um lado, cumpre mencionar os principais deveres ou sujeições impostos aos particulares, bem como os poderes e mecanismos de eficiência atribuídos à Administração:

1) O *princípio da boa fé* (art. 6.º-A);
2) O *princípio da colaboração estreita entre a Administração e os particulares* (art. 7.º);
3) A admissibilidade da adopção pela Administração, no início de qualquer procedimento, de *medidas provisórias ou cautelares*, destinadas a salvaguardar os interesses públicos em causa (arts. 84.º e 85.º);
4) A permissão da delegação de poderes em termos genéricos, bem como em certas situações típicas, inovações que permitem melhorar muito a eficácia da acção administrativa (arts. 35.º e 36.º);
5) Enfim, a consagração legal expressa – contra a opinião de prestigiados administrativistas da época – do chamado *privilégio da execução prévia*, e a regulamentação genérica do seu exercício, o que resultou num importante reforço da autoridade legítima da Adminis-

tração face aos particulares (arts. 149.º a 157.º);

b) Do outro lado, citarei os cinco principais direitos conquistados – muito justamente, aliás – pelos particulares face à Administração:

1) Ampla e apertada disciplina das garantias de isenção e imparcialidade das autoridades administrativas (arts. 44.º a 51.º);
2) Estabelecimento de um prazo geral máximo de 90 dias úteis (salvas as excepções legais) para concluir qualquer procedimento administrativo (art. 58.º) – regra de capital importância que, infelizmente, tem sido letra morta por falta de sanção adequada para a respectiva inobservância;
3) Alargamento da legitimidade para participar no procedimento administrativo às associações que defendam interesses colectivos, bem como a todos os que desejem assumir a protecção cívica dos chamados "interesses difusos" (art. 53.º);
4) Grande ampliação dos direitos de informação dos particulares (arts. 61.º a 64.º), consagrando-se deste modo o valioso "princípio da administração aberta" [4];
5) Enfim, mencionarei a mais radical, a mais ousada e a mais útil medida inovadora do Código, consagrada aliás em cumprimento de um preceito constitucional (o art. 268.º,

n.º 3, de então; hoje, art. 267.º, n.º 5): refiro-me ao chamado "direito de audiência prévia" dos interessados, que deve preceder a tomada, pela Administração, de uma decisão presumivelmente desfavorável a um ou vários particulares (arts. 100.º a 105.º). Esta inovação, de início ignorada por muitos órgãos administrativos – mas logo exemplarmente sancionada, sem hesitações, pelo Supremo Tribunal Administrativo – acabou por se enraizar rapidamente na prática quotidiana, sem prejuízo para a celeridade da acção administrativa e com inegável vantagem para todos.

15. Que balanço podemos fazer neste momento dos primeiros 15 anos de vigência deste Código?

As opiniões divergem. Nem todas, como é natural, são laudatórias. Eu próprio tenho as minhas críticas a fazer, quer em relação a certas propostas da Comissão a que presidi em 1987-89 e que o Governo de então não aceitou (como, por ex., a regulação imediata da necessária discussão pública de todos os projectos de regulamento com eficácia externa), quer quanto a aspectos que se foram desactualizando e carecem de rápida revisão (é o caso, nomeadamente, da já aludida falta de sanção para a inobservância do prazo máximo de conclusão dos procedimentos administrativos comuns; e é também o caso do capítulo da revogação do acto administrativo, que pode e deve ser substancialmente melhorado graças aos muitos contributos doutrinários entretanto surgidos).

Mas o balanço geral que faço do Código e da respectiva aplicação é francamente positivo. Logo após a sua publicação, deu-se um enorme florescimento de comentários e anotações, de grande valor doutrinal, só comparável ao movimento idêntico que há século e meio se gerou em torno do Código Administrativo de 1842. O número dos críticos foi diminuindo. E é curioso notar que, à medida que o tempo vai passando e que tanto os particulares como a Administração se vão habituando a conviver com este diploma básico, as críticas iniciais têm vindo a descer de tom e estão a transferir-se – com idêntica proveniência, idêntico conteúdo e idênticos preconceitos – para a reforma do contencioso administrativo. É dela que vou agora falar-vos.

c) *A reforma do contencioso administrativo, de 2002*

16. Nem os autores das medidas avulsas de 1974-1983, nem os responsáveis pela legislação mais consistente de 1984-85, tiveram jamais qualquer dúvida de que alguma delas constituísse a grande reforma estrutural de que o contencioso administrativo português tanto necessitava. Eles próprios o disseram e escreveram.

A decisão de mandar elaborar a "grande reforma" data de 1987 e deve-se ao Ministro da Justiça de então, dr. Mário Raposo. Mas, infelizmente – como tantas vezes acontece no nosso país – apesar de ter avançado até 1990, depois parou, adormeceu prolongadamente e quando despertou para a vida, qual "Bela Adormecida", tinha passado uma dúzia de anos de total ineficácia do legislador ...

Nesse arrastado e infeliz período de espera – devido principalmente às mudanças de Ministros e às hesitações de alguns deles – ainda foi possível, apesar de tudo, fazer aprovar na Assembleia da República a ampliação do *direito de acção popular* ([5]) – figura que já vem do Direito Romano –, bem como decretar a criação, pela primeira vez em Portugal, de um tribunal administrativo de 2.ª instância, a que se deu então o nome de *Tribunal Central Administrativo* ([6]).

A tão almejada reforma do contencioso administrativo acabou por só ser publicada em 2002, e por só entrar em vigor em 2004 ([7]): levou, pois, 17 anos a fazer, quando 3 ou 4 anos teriam sido mais do que suficientes. Vejam como tem sido difícil modernizar Portugal!

17. Esta reforma teve duas facetas: a da reorganização do nosso sistema de tribunais administrativos, e a da reformulação do nosso Direito Processual Administrativo.

Quanto à primeira, é de justiça sublinhar que ela nos trouxe uma reestruturação total da jurisdição administrativa portuguesa. Limitar-me-ei, *brevitatis causa*, a fazer-vos, mediante a linguagem clara dos números, as elucidativas comparações seguintes:

- *Número de tribunais administrativos*: em 1974, eram ao todo 3 – o S.T.A e as "auditorias administrativas" de Lisboa e Porto; com a reforma de 2002-2004, o número ficou a ser de 19 – o S.T.A, 2 Tribunais Centrais Administrativos, Norte e Sul (2.ª instância), e 16 tribunais administrativos e fiscais (1.ª instância). Passámos assim, de uma assentada, de 3 para 19 tribunais, o que é muito pouco vulgar;

- *Número de juízes afectos aos tribunais administrativos*: em 1974, eram ao todo 12; com a reforma, passaram a ser 125 ([8]);

- *Número de cidades dotadas de um ou mais tribunais administrativos*: em 1974 eram apenas 2 (Lisboa e Porto); com a reforma passaram a ser 16 ([9]).

Se me é permitido um breve comentário, direi que os números falam por si. Ninguém poderá mais dizer – pelo menos no que toca à justiça administrativa (e fiscal) – que o Estado Português não investe o suficiente no sector da Justiça. Reparem bem nos dados que acabei de vos fornecer: com a reforma de 2002, o número de tribunais administrativos existentes foi multiplicado por 6,3; e o número dos respectivos juízes foi multiplicado por 10,4. É muito raro ser-se tão ousado em Portugal! Esta reforma – que se fica a dever aos governos de António Guterres e Durão Barroso, através dos Ministros da Justiça drs. António Costa e Celeste Cardona – exigiu um esforço financeiro verdadeiramente excepcional, que não tem paralelo na história do nosso contencioso administrativo, nem (segundo creio) na da Organização Judiciária portuguesa em geral.

Por outro lado, todos reconhecerão por certo – mesmo os que mais criticaram a reforma – que esta, concebida nos moldes em que o foi, cumpriu (como poucas vezes, ou nenhuma, terá acontecido desde 1976) duas importantes directrizes constitucionais: a que estabelece a "descentralização democrática" do Estado (art. 6.º, n.º 1) e aquela outra que manda "aproximar os serviços [públicos] das populações" (art. 267.º, n.º1) ([10]).

18. Quanto ao *Código de Processo nos Tribunais Administrativos*, que constitui a segunda peça fulcral da reforma, não posso enumerar aqui detalhadamente as suas muitas e ousadas inovações, que o colocam ao lado do que de melhor existe neste momento nos países juridicamente mais avançados da Europa, em especial a Alemanha, a Itália e a Inglaterra ([11])([12]).

Aqui e agora, destacarei apenas – por se me afigurarem, de longe, as de maior relevo e significado – 5 inovações de largo espectro:

1) Substituição do tradicional " recurso contencioso de anulação", de origem francesa (o qual

durou, entre nós, cerca de um século e meio) por uma acção impugnatória de normas e actos de direito público, de inspiração alemã;
2) Permissão genérica, de há muito reclamada pela Doutrina, da cumulação processual de vários tipos de pedidos e, em especial, a do pedido de anulação de um acto administrativo ilegal com o pedido de efectivação da responsabilidade civil extra-contratual da Administração decorrente desse mesmo acto;
3) Atribuição aos tribunais administrativos de um poder especialmente forte, que estes nunca tinham tido entre nós, e ainda hoje não têm em França – o poder de condenar a Administração à prática de actos legalmente devidos;
4) Coerentemente, e para assegurar a plena obediência às sentenças condenatórias, atribuição aos tribunais administrativos, frente à Administração, do poder de lhe fixar prazo para o cumprimento de deveres, do poder de lhe impor sanções pecuniárias compulsórias em regime de contagem diária crescente, e dos poderes necessários e suficientes para assegurar a execução integral das sentenças proferidas contra a Administração;
5) Enfim, atribuição aos tribunais administrativos do poder de adoptar, a requerimento dos particulares com interesse legítimo, um amplo e variado conjunto de "providências cautelares", destinadas a garantir o efeito útil da sentença final.

Quem estiver familiarizado com o actual modelo do Direito Processual Administrativo germânico, ou com os tradicionais poderes decisórios dos tribunais ingleses face à Administração pública, não encontrará por certo nenhum motivo de estranheza nas cinco mencionadas alterações introduzidas no nosso antigo contencioso administrativo, que era de tipo francês – embora a própria França já não estivesse, há muitos anos, onde nós próprios estávamos em 2001, na convicção de que continuávamos, com grande fidelidade, a acompanhar o modelo francês...

Se excluirmos a primeira inovação mencionada (substituição do recurso contencioso de anulação por uma acção impugnatória) – que tem mais aliciantes teóricos do que consequências práticas –, das outras quatro alterações substantivas introduzidas pelo Código, só uma – a última, referente às *providências cautelares* – começa a suscitar críticas e reacções, por vezes excessivas e feitas sem o devido conhecimento global da matéria.

19. Se bem repararmos, de entre as nove providências cautelares especificadas no artigo 112.º do Código([13]), só duas têm sido objecto de crítica – a da "suspensão da eficácia de um acto administrativo" (al. a), 1.ª parte) e a da "intimação para a (...) abstenção de uma conduta por parte da Administração (...)" (al. f), na parte relativa às intimações dirigidas à Administração pelos tribunais).

Aqui só entre nós, permito-me fazer-vos uma confidência: é no mínimo bastante curioso que, em termos de opinião pública (hoje finalmente desperta para o interesse cívico do debate em *open space* das questões judiciais), a esmagadora maioria das críticas se dirija, não contra a segunda das providências mencionadas – que é nova no direito português e pode vir a conduzir, em alguns casos, a aplicações contrárias ao princípio da separação dos poderes –, mas sim, paradoxalmente, contra a primeira delas – a suspensão da eficácia de um acto administrativo impugnado, ou a impugnar a curto prazo – providência essa que já existia entre nós no século XIX e que atravessou incólume, sem qualquer reparo, os longos 48 anos do Estado Novo...

Desta contestação, decerto inesperada, podemos extrair uma primeira ilação bastante segura: se algum problema existe – e o que se ouve por aí indicia que sim –, ele não deve residir na existência desta espécie de providência cautelar, em si mesma considerada, mas provavelmente na deficiente interpretação e aplicação do respectivo regime jurídico, ou até na atitude hoje em dia mais afoita e litigiosa dos particulares face à Administração pública, por sua vez ainda mal preparada para lidar com tantos casos polémicos e difíceis, sob o ponto de vista técnico--jurídico.

Encarada a questão no plano dos princípios, a existência do instituto da suspensão jurisdicional da eficácia de um acto administrativo arguido de ilegalidade não tem contestação possível. Com efeito, essa faculdade legal é um dos mais antigos direitos dos particulares nos sistemas administrativos de tipo francês – não por acaso reconhecido, antes de qualquer outro país, na própria França, através da jurisprudência do *Conseil d'État*. Entre nós, tal direito – considerado pela Doutrina como "antídoto indispensável face aos perigos do privilégio da execução prévia", mas só reconhecido em concreto pelos tribunais *a título excepcional*, tal como em França, "dado o perigo de paralisação da Administração pública" ([14]) –, tal direito (dizia eu) foi consagrado na lei, frente à administração local, pelo Código Administrativo de 1896 (da autoria do ditador João Franco) e, frente à administração central, pela Lei Orgânica do Supremo Tribunal Administrativo, de 1956 (elaborada por Marcello Caetano e referendada por Salazar).

Bem, bem: vejam só como a vida real não deixa nunca de nos surpreender! A principal limitação jurídica ao mais forte privilégio da Administração foi reconhecida em Portugal por dois governos ditatoriais! E só começa a ser contestada pela opinião pública, e por algumas entidades administrativas, em pleno regime democrático!

Como argutamente observou Shakespeare, "there are more things in heaven and earth (…) than are dreamt of in our philosophy" ([15])…

20. Que pensar deste problema?

Antes de mais, importa recordar que o Direito Administrativo – em Portugal como em qualquer outro país – tem a sua lógica própria, obedece a princípios gerais, e orienta-se por critérios de justiça material. Daí resulta, sem margem para dúvidas, que o privilégio da execução prévia deve ser compensado – nos casos de maior prejuízo para o particular e de menor dano para o interesse público – pela providência cautelar suspensiva do acto.

Tal solução, comum a todos os países democráticos, não pode ser eliminada, nem drasticamente restringida, num regime democrático – e, ainda por cima, num país como Portugal, onde foi introduzida e mantida por dois governos ditatoriais. *Ce serait le monde à l'envers...*

Há hoje nos tribunais mais litigância dos particulares contra a Administração? Pois há. Mas ela é maior ainda, e há muito mais tempo, em França, na Alemanha ou na Itália – e ninguém se atreve, nesses países, a pensar em eliminar esta antiga e tão necessária providência cautelar assegurada aos particulares.

Têm os nossos tribunais administrativos sido menos cautelosos, ou até imprudentes, na concessão desta providência? Não o creio. O único caso que, nestes dois anos e meio de vigência do Código, apareceu como mais controverso foi o da recente concessão por um tribunal da providência de tipo suspensivo a favor de militares punidos disciplinarmente.

É para mim evidente que, sem disciplina, e sem um comando hierárquico prontamente obedecido, não há Forças Armadas. Mas considero, com toda a franqueza, que a culpa dos problemas que têm sido suscitados não é do Código, o qual só na aparência estabelece, de per si, um mecanismo de suspensão automática, ao contrário do que por vezes se diz. Procurarei demonstrá-lo em termos necessariamente genéricos.

21. Sem entrar aqui em pormenores que seriam descabidos, creio poder identificar o principal problema nos termos seguintes: enquanto no direito francês a suspensão provisória da eficácia de um acto executório *só pode ser decidida pelo tribunal*, após ponderação adequada dos interesses públicos e privados em causa, na prática administrativa portuguesa actual a situação inverteu-se, aliás por frequentes casos de errada interpretação e aplicação da lei por parte da nossa Administração pública: e o que acontece na grande maioria dos casos é que, não só a Administração não começa a executar os seus actos mais urgentes logo após a sua prática ou notificação, como só invoca o interesse público na respectiva execução tarde de mais.

Quer dizer: como a Administração, em vez de agir no 1.º dia do prazo, aguarda passivamente pelo último dia, tudo se passa, na realidade das coisas, como se a mera apresentação do requerimento da providência cautelar pelo interessado tivesse um efeito suspensivo imediato sobre o acto da Administração. Ora, não é essa a solução francesa. Como diz o grande mestre Jean Rivero, no seu tão prestigiado "Précis de Droit Administratif", esta providência cautelar suspensiva ("sursis à exécution") tem a seguinte finalidade: "obter *do juiz que ele dê à Administração* a ordem de adiar a execução [do acto] até que ele [o juiz] tenha decidido o fundo da causa" ([16]) ([17]).

Repare-se bem: o particular faz um pedido ao juiz; e é este que, se concordar, dá uma ordem à Administração para suspender a execução do acto. Não é o simples pedido do particular ao juiz que automaticamente impõe à Administração a suspensão imediata da execução do seu acto.

Reconheço que a redacção do n.º 1 do artigo 128.º do Código se presta a interpretações diversas. Mas ela não impede – nem nunca impediu – que a Administração, se for apoiada por bons juristas, interprete e aplique essa disposição legal pela forma mais adequada à salvaguarda imediata do interesse público.

22. De facto, a solução – na grande maioria dos casos – é até bastante mais simples do que se imagina. Basta que a Administração, devidamente preparada, proceda do seguinte modo:

1.º) Tratando-se de actos administrativos considerados "de primacial importância para o interesse público", deve o seu autor ordenar que a respectiva execução por via administrativa seja iniciada logo após a notificação aos seus destinatários. Nada na lei o proíbe, antes existem duas normas legais expressas que o permitem ([18]);

2.º) Que o órgão administrativo competente, uma vez praticado o acto e iniciada a respectiva execução, tenha tudo preparado para, no dia e hora em que for notificado pelo tribunal da interposição de uma providência cautelar suspensiva, invocar de imediato perante aquele o interesse público – sem esperar um dia, quanto mais 15 dias –, tendo "pronta a servir" a devida fundamentação. Se o fizer nesse preciso instante (ou, como agora se diz, se o fizer "na hora"), a Administração poderá, respeitando por completo a legalidade vigente, "prosseguir a execução" do acto anteriormente iniciada;

3.º) Se o tribunal, recebida a invocação do interesse público feita pela Administração, julgar afinal "improcedentes as razões em que [ela] se fundamenta", e ordenar – agora sim – a suspensão da eficácia do acto, o órgão administrativo que praticou o acto principal, tendo interesse legítimo em impugnar a decisão jurisdicional suspensiva, pode e deve recorrer dela ao abrigo do Código de Processo, requerendo ao juiz, nos termos do artigo 143.º, n.º 5, que decida "recusar a atribuição de efeito meramente devolutivo", o que – sem entrar aqui em particularidades técnicas escusadas – significa que o tribunal de recurso pode, se assim o entender, no seu alto critério, autorizar a Administração a prosseguir com a execução do acto "de primacial importância para o interesse público" ([19]).

Ou seja, e por palavras ainda mais claras: o Código prevê e permite, nas situações mais delicadas, que o tribunal de recurso decida fazer *prevalecer o interesse público da imediata execução do acto, invocado pela Administração, sobre o interesse privado da suspensão do acto, prosseguido pelo particular*.

Como se vê, o Código não é um diploma desequilibrado – sempre a favor dos particulares ou sempre contra a Administração. O problema principal está em que, publicado o Código (que teve uma *vacatio legis* superior a um ano!), os particulares, as empresas e os sindicatos rodearam-se de excelentes advogados para dele extrair todas as vantagens legítimas; ao passo que a nossa Administração pública, em vez de fazer o mesmo, para poder defender o melhor possível os interesses públicos postos por lei a seu cargo, continuou na grande maioria dos casos as suas práticas rotineiras e, em vez de se dotar dos melhores juristas, como lhe cumpria, começou a divulgar lamúrias e queixumes. Não é esse o caminho certo.

Quer se opte pela interpretação e modo de aplicação que aqui propus, quer se prefiram outras soluções inspiradas no Direito Comparado([20]), *há um limite que nunca se poderá ultrapassar*. É que *a decisão* sobre a questão crucial de saber se, no contexto de uma providência cautelar suspensiva, deve ou não prevalecer o interesse público sobre os direitos individuais, *tem de ser sempre tomada por um tribunal* – e não pelos particulares, nem pela Administração. Ou não estaremos num Estado de Direito.

23. Termino esta segunda parte da minha aula sublinhando que os preceitos aqui citados do Código de Processo nos Tribunais Administrativos – entre muitos outros – mostram claramente que, tal como vimos suceder com o Código do Procedimento Administrativo, é infundada a crítica de que estes dois diplomas saíram desequilibrados a favor dos particulares e inspirados num *parti pris* contra a Administração. Como procurei demonstrar nos dois casos, tal crítica não tem fundamento objectivo: ambos os diplomas promovem constantemente o desejável equilíbrio entre a autoridade necessária à Administração para prosseguir o interesse público e as garantias indispensáveis aos particulares para defenderem os seus direitos subjectivos e interesses legítimos.

III

A evolução da Ciência
do Direito Administrativo portuguesa
nos últimos 50 anos

24. Até aqui, mantive o meu olhar voltado para o Direito Administrativo objectivo, enquanto ramo do direito.

A análise que fizemos em conjunto não ficaria, porém, completa se eu não examinasse agora convosco o Direito Administrativo enquanto capítulo da ciência jurídica, isto é, se não reflectisse sobre a evolução da Ciência do Direito Administrativo portuguesa nos últimos 50 anos.

Cabe, na verdade, indagar: como reagiu, sobretudo a partir de 1974-76, a nossa Doutrina administrativa a tantas e tão profundas mutações ocorridas no seu objecto de estudo? O que mudou neste meio século? Em que difere a ciência que cultivo como especialista, no seu estado actual, da situação que existia em 1958, quando entrei para a Universidade?

25. A primeira grande diferença – que não hesito em considerar *radical* – é esta: durante o Estado Novo, a Ciência do Direito Administrativo portuguesa foi literalmente dominada pela figura do Prof. Marcello Caetano e pelo seu famoso *Manual de Direito Administrativo* (que conheceu 10 edições diferentes em vida do autor) – isto sem prejuízo, é claro, dos excelentes contributos de alguns ilustres mestres de Coimbra, com relevo indiscutível para os Profs. Afonso Queiró e Rogério Soares –; depois de 1974, e mais concretamente a partir de 1980-82, a nossa Doutrina administrativa conheceu uma notável desmultiplicação e pluralidade, sem precedentes no passado.

Comecemos por analisar os aspectos quantitativos desse crescimento acelerado, para depois nos debruçarmos sobre os seus aspectos qualitativos.

26. A Ciência do Direito Administrativo chegou a ser apelidada, na primeira metade do século XX, de "disciplina esotérica", que quase todos repudiavam, excepto os administrativistas, "olhados como seres bizarros pelo comum dos juristas" ([21]).

Com Marcello Caetano tudo mudou, nesta área científica ([22]). Mas, curiosamente, a maior parte dos seus discípulos só viriam a doutorar-se após o 25 de Abril – o mesmo acontecendo, aliás, em Coimbra, com os discípulos de Afonso Queiró e Rogério Soares.

Vejamos então as estatísticas, que são bem elucidativas:

a) *Número de dissertações de doutoramento publicadas*:

- Entre 1958 e 1974 (16 anos): 2;
- Entre 1974 e 1986 (12 anos): 0;
- Entre 1987 e 2007 (20 anos): 16 ([23]);

b) *Número de autores e volumes de manuais impressos* ([24]):

- Entre 1958 e 1974 (16 anos):
  1 autor, 2 volumes;
- Entre 1974 e 1985 (11 anos):
  2 autores, 1 volume cada;
- Entre 1986 e 2007 (21 anos):
  9 autores, com 11 volumes ao todo ([25]).

Como se vê, houve, logo a seguir à Revolução, uma pausa de 10 a 12 anos – facilmente explicável, quer por causa da última geração que ainda fez a guerra e se perdeu para a Universidade, quer pela instabilidade e agitação dos anos de 1974 a 1976, quer sobretudo pela resposta generosa de muitos docentes universitários de direito ao chamamento cívico da transição democrática.

Nesse período, só se publicaram em livro os primeiros volumes das lições (ainda em esboço) de dois assistentes não doutorados. E até 1987 – 14 anos após a Revolução – não houve nenhum doutoramento em Direito Administrativo.

A explosão veio a seguir.

Entre 1987 e 2007 – quer dizer, nos últimos 20 anos –, realizaram-se com êxito cerca de 20 doutoramentos em Direito Administrativo ou Ciência da Administração Pública, sendo de 16 o número de dissertações já publicadas. Isto é: entre 1958 e 1974, houve nestas áreas 1 doutoramento em cada 8 anos; nos últimos 20 anos houve cerca de 1 doutoramento por ano. O aumento foi, pois, de 800%.

Quanto aos manuais, ou *text-books*, da nossa disciplina científica, a taxa de crescimento ainda foi maior: enquanto, nos 48 anos do Estado Novo, houve apenas um manual de um único professor, entre 1980 e 2005 (um período de cerca de 25 anos), publicaram-se manuais de 11 autores, dois deles com 2 volumes cada, num total de 13 volumes.

Isto é: passámos de 1 manual em meio século, para 11 manuais num quarto de século. A produtividade da elaboração dos nossos *text-books* de Direito Administrativo foi, pois, multiplicada por 22, ou seja, teve um aumento de 2200%.

Números semelhantes – ou ainda mais elevados – se obteriam seguramente se se fizesse a comparação entre artigos de revista ou inseridos em obras colectivas num período e no outro, ou se medíssemos o número de pós-graduações da fase anterior e o de mestrados da fase actual.

Não é, pois, exagero falar em explosão do crescimento: os números são, verdadeiramente, espectaculares. A que razões se pode atribuir tal fenómeno?

27. É sempre múltipla e complexa a causalidade dos fenómenos sociais. Mas julgo possível apontar aqui as principais causas do enorme crescimento atrás posto em evidência.

Em primeiro lugar, a grande intensificação do intervencionismo económico e social do Estado fez aumentar, em extensão e em importância, o Direito Administrativo, cada vez mais chamado a resolver os numerosos e crescentes conflitos de interesses públicos com interesses privados.

Em segundo lugar, o aumento da litigância nos tribunais fez subir a procura de obras qualificadas sobre Direito Administrativo (quer substantivo e procedimental, quer processual), e a oferta correspondeu. O Direito Administrativo – que dantes não atraía quase ninguém – passou a ser uma especialidade profissional com elevado poder de atracção.

E, em terceiro lugar, as nossas Universidades passaram a dar muito maior importância do que durante o Estado Novo à investigação e ao ensino do Direito Público – que as ditaduras precisam de subvalorizar, mas que as democracias têm de levar muito a sério.

Acresce que os grandes mestres da época anterior deixaram sementes bem plantadas e estas, logo que o ambiente se tornou favorável, começaram a dar frutos em abundância. Todos nós – juristas adeptos do regime democrático – devemos aos que foram nossos professores de Direito Público – todos adeptos do Estado Novo – a isenção e probidade intelectual com que nos incutiram o gosto do Direito e o amor pela Justiça e a lucidez com que nos transmitiram a noção básica de que a função primordial do Direito Público não é apenas conferir poderes especiais à autoridade para defender o Bem-Comum, mas também regular e limitar os poderes do Estado (e dos entes públicos menores) a fim de garantir o respeito pelos direitos fundamentais dos cidadãos e das suas organizações.

28. E passo agora – para terminar – à análise qualitativa da evolução da Ciência do Direito Administrativo portuguesa nos últimos 50 anos.

Melhorou ela de qualidade – em termos de rigor, profundidade, imaginação criadora? Sem dúvida. Não temos que nos envergonhar do confronto da produção científica portuguesa nesta área com o que de melhor se faz na Europa e nos Estados Unidos.

Mas como se desenvolveu o nosso sector específico da Ciência do Direito? Em que direcções ou sentidos?

Várias inovações vieram gradualmente à luz do dia:

– Os novos autores efectivaram a separação (que já era tradicional nos outros segmentos da ordem jurídica) entre o Direito Administrativo

stricto sensu e o Direito Processual Administrativo, a que alguns preferem chamar Justiça Administrativa;
- Todos passaram a dar (e bem) uma atenção maior e mais detalhada à doutrina alemã do Direito Administrativo, que não fica nada a dever em qualidade à do Direito Civil ou à do Direito Penal, seus bastiões tradicionais;
- Dois, pelo menos, iniciaram uma especialização, que tardava, em Ciência da Administração Pública, a qual já começa a dar os seus frutos;
- Muitos optaram pela dedicação aos ramos do Direito Administrativo especial (ignorado no período histórico anterior), destacando-se sobretudo agora as áreas do Direito da Economia, do Direito do Urbanismo e do Direito do Ambiente;
- Outros preferiram articular estreitamente a investigação e o ensino do Direito Administrativo nacional com o Direito Comunitário Europeu: e já hoje escrevem – com toda a razão – quer sobre a influência do sistema administrativo de tipo francês na estruturação do contencioso comunitário, quer na comunitarização dos Direitos Administrativos internos dos Estados membros, quer ainda na europeização dos contenciosos administrativos nacionais;
- Enfim, não posso deixar de mencionar aqui, pela sua grande relevância e significado, a principal novidade da última década, que tem a ver

com a mudança do tipo de temas escolhidos por alguns para as *dissertações de doutoramento* em Direito Administrativo no nosso país: depois de um longo período de quatro décadas, em que o tema de cada tese era um tema restrito, "uma só estrela no firmamento" – que se tratava de observar com rigor, estudar em profundidade e ficar a conhecer exaustivamente –, começaram a surgir dissertações que enveredaram corajosamente pelo caminho das concepções globais, das grandes teorias gerais e das "visões cósmicas do céu estrelado", acerca do conceito de Administração pública, das suas relações com os particulares e dos modelos históricos e actuais da justiça administrativa.

Para mim, que – humildemente o confesso – sempre pertenci ao grupo tradicional da "micro-análise", foi com surpresa, expectativa e esperança que vi alguns dos meus antigos alunos e doutorandos (além de outros) abalançarem-se destemidamente para a "macro-análise".

Seria estultícia da minha parte pretender dizer--vos (e dizer-lhes a eles) se todos terão razão em tudo o que tentaram, honestamente, criticar e reconstruir. Tal como a prudência nos exige em relação às modernas obras de arte, deixemos também aqui passar os anos: os vindouros saberão, decerto melhor do que nós, identificar definitivamente as inovações que vieram para ficar.

29. Sem criticar ninguém – e muito menos os meus antigos alunos e hoje meus queridos colegas –, gostaria apenas de deixar aqui um testemunho pessoal de quem viveu e vibrou intensamente com os problemas do Direito Público em geral e do Direito Administrativo em especial, no último meio século.

O pêndulo deste sofisticado mecanismo de relojoaria fina que é o Direito Administrativo estava visivelmente puxado e preso para um dos lados da caixa alta. Soltando-se os arames e os pregos que fortemente o prendiam, ele deslocou-se com grande velocidade para o lado oposto. Foi o chamado *"swing of the pendulum"*. Mas seria decerto errado impedi-lo de, em harmonia com a lei da gravidade, encontrar o seu ponto de equilíbrio na vertical do lugar.

Quero eu dizer com isto que considero perfeitamente natural que depois de um longo período de ditadura se adoptasse uma forma de democracia avançada; que à falta de liberdade se contrapusesse um catálogo exaustivo de direitos fundamentais; e que ao endeusamento excessivo da Administração se seguisse o reforço sistemático das garantias dos particulares.

Mas vão passados 33 anos sobre a data da Revolução. Já é tempo – quero crer – de deixar que a haste do pêndulo procure encontrar a sua linha de equilíbrio.

É preciso não esquecer nunca que o Estado existe para servir o Bem-Comum; que o Poder político existe para mandar e para se fazer obedecer; que ao autoritarismo dos governantes não se deve responder com o individualismo extreme dos governados, mas com soluções ponderadas e equilibradas que não sacrifiquem a liberdade em nome da segurança, nem sacrifiquem a segurança em nome da liberdade.

Isto assim, no campo do Direito Público em geral.

No terreno específico do Direito Administrativo, não me levem a mal se lhes disser, hoje e aqui, que desde há duas décadas – mais precisamente, desde 1986, ano da 1.ª edição do volume I do meu *Curso de Direito Administrativo* –, venho ensinando aos meus alunos a seguinte ideia-chave:

> "(...) O Direito Administrativo não é apenas um instrumento de liberalismo frente ao Poder, é ao mesmo tempo o garante de uma acção administrativa eficaz. Por isso (...), aquilo que caracteriza genericamente o Direito Administrativo é *a procura permanente de harmonização das exigências da acção administrativa, na prossecução dos interesses gerais, com as exigências de garantia dos particulares, na defesa dos seus direitos e interesses legítimos*" [26].

Com toda a sinceridade vos digo que me parece que estas palavras continuam tão válidas hoje como há vinte anos. E, se existe um delicado equilíbrio a preservar, então temos logicamente de aceitar que é tão natural reforçar as garantias individuais quando se derruba um regime ditatorial, como reforçar a autoridade legítima do Estado Democrático quando esta começa a tornar-se dependente de alguns interesses individuais ou de grupo.

Não defendo – note-se bem – a tese neo-autoritarista de que existe hoje em Portugal um indesejável "excesso de garantismo": o Direito Administrativo Comparado condena pela raiz essa acusação.

O que sustento é que os nossos tribunais administrativos se mantenham bem atentos para impedir que um conjunto adequado e coerente de garantias pensadas para o cidadão honesto seja, por vezes, abusivamente utilizado por parte de indivíduos e grupos que se consideram mais fortes do que o Estado, mais sábios do que o Direito, e mais merecedores do que o seu semelhante da Justiça prometida a todos.

Mas, por outro lado, importa reafirmar sempre que a adequada contenção desses abusos não pode nem deve pôr em causa a dupla natureza do Direito Administrativo – constituído (como já disse) pela atribuição à Administração pública dos instrumentos necessários à prossecução dos seus fins de interesse geral e, por outro lado, pela criação das formas adequadas de controlo jurisdicional do Poder Executivo que, sem pôr em causa o princípio da separação dos poderes, são indispensáveis à garantia dos direitos e interesses legítimos dos particulares.

Conclusão

30. Só agora reparo que, ao colocar a problemática essencial do Direito Administrativo – o de ontem, o de hoje e o de amanhã – nos termos em que acabo de colocá-la, estou no fundo a fazer remontar a ciência que cultivo, de degrau em degrau, aos princípios fundamentais do Direito Público, à Teoria Geral do Estado e à própria Filosofia Política, que a todos nos colocam, há pelo menos 25 séculos, as mesmas questões de sempre: porque aceitam os Homens, a fim de viverem em sociedade, que algumas das suas liberdades naturais sejam limitadas, para que um Poder legítimo, fundado no consenso geral, a todos proteja da insegurança, a todos garanta a Justiça e em todos se apoie para conseguir melhorar as condições de vida dos mais desfavorecidos? E que tipo de direitos, liberdades e garantias individuais é preciso reconhecer e organizar com eficácia, para conter os abusos desse mesmo Poder, simultaneamente benéfico e perigoso?

Já não temos tempo, hoje, para tratar dessas grandes questões com a necessária profundidade.

Elas são, sem dúvida, um excelente tema para a nossa próxima aula. Recomendo-lhes que não venham para cá sem antes relerem a *República* de Platão, a *Política* de Aristóteles e o *2.º Tratado* de John Locke: está lá praticamente tudo.

Ficamos então por aqui, na aula de hoje.

Até sempre!

Notas de Rodapé

(¹) Fórmulas de MARCELLO CAETANO, *Páginas Inoportunas*, em especial pp. 243 e segs., 267 e segs., e 283 e segs. Ver também o nosso trabalho *A Administração Pública no Estado Novo*, 1999, incluído nos *Estudos de Direito Público e matérias afins*, vol. I, Coimbra, 2004, pp. 132-133.

(²) Há quem entenda que, com a 4.ª revisão constitucional, de 1997, a regionalização do Continente passou a ser facultativa, dado que a "instituição em concreto das regiões administrativas" ficou a depender de referendo favorável (Const., art. 256.º, n.º 1). Não é esse o meu entendimento. Com efeito, não só o art. 236.º, n.º 1, da Constituição continua a proclamar, como "princípio geral", que "no Continente as autarquias locais são as freguesias, os municípios e *as regiões administrativas*" (sublinhado meu), mas todo o capítulo IV do Título VIII da parte III da nossa lei fundamental se mantém e regula, nos seus artigos 255.º a 262.º, o estatuto jurídico-constitucional dessas entidades; acresce que o n.º 291.º, n.º 1, considera transitória a "subsistência" dos *distritos*, "enquanto as regiões administrativas não estiverem concretamente instituídas". O *dever de regionalizar* existe, pois; os órgãos de soberania têm de fazer tudo o que estiver ao seu alcance para o cumprir; e, se um ou mais referendos não derem o assentimento popular necessário para a regionalização se concretizar, os resultados negativos não podem ser interpretados no sentido da rejeição da directriz regionalizadora da Constituição (pois o cumprimento ou a violação desta não podem, por definição, ser submetidos a referendo), antes terão de ser entendidos, em cada caso, como rejeição de uma dada proposta concreta de regionalização, subsistindo sempre o dever de apresentar outras propostas concretas – salvo se, a dada altura, em sede de revisão constitucional, se decidir suprimir o modelo regionalizador da Constituição. É o que digo no texto: ou se cumpre a constituição, regionalizando, ou se suprime da Constituição a figura da "região administrativa" e o dever de regionalizar. O mesmo se passa, *mutatis mutandis*, com o dever constitucional de elaborar e aprovar o Orçamento do Estado: se uma proposta de um governo for rejeitada pela Assembleia da República, isso não pode significar que desapareça o dever de elaboração de um Orçamento do Estado, mas tão-só que o mesmo Governo (ou aquele que se lhe seguir) deva apresentar uma nova proposta – sendo politicamente recomendável que tenha na devida conta os motivos determinantes da rejeição ou rejeições anteriores.

[3] Ver o art. 1.º, n.º 3, do Decreto-Lei citado, bem como, mais tarde, o art. 125.º, n.º 2, do Código do Procedimento Administrativo, que exigem uma fundamentação dos actos administrativos que seja clara, coerente e completa, isto é, não viciada por obscuridade, contradição ou insuficiência.

[4] O qual viria a ser detalhadamente regulado dois anos mais tarde pela Lei n.º 65/93, de 26 de Agosto.

[5] Lei n.º 83/95, de 31 de Agosto.

[6] Decreto-Lei n.º 229/96, de 29 de Novembro.

[7] A reforma traduziu-se em 2 diplomas legais: o 2.º ETAF, aprovado pela Lei n.º 13/2002, de 19 de Fevereiro; e o Código de Processo nos Tribunais Administrativos (CPTA), aprovado pela Lei n.º 15/2002, de 22 de Fevereiro.

[8] A saber, 78 juízes na 1.ª instância; 20 na 2.ª instância; e 27 no S.T.A., dos quais 15 ocupam lugares a extinguir quando vagarem.

[9] Incluindo, por ordem alfabética, Almada, Beja, Braga, Castelo Branco, Coimbra, Funchal, Leiria, Lisboa, Loulé, Loures, Mirandela, Penafiel, Ponta Delgada, Porto, Sintra e Viseu. (Note-se que está prevista para breve a criação de outro tribunal administrativo e fiscal de 1.ª instância, em Aveiro).

(¹⁰) Os dois preceitos estão redigidos a pensar na orgânica da Administração Pública, mas são obviamente aplicáveis, por analogia, à Organização Judiciária.

(¹¹) A referência a Inglaterra (e País de Gales) – e não ao Reino Unido – é intencional, pois os sistemas jurídicos vigentes na Escócia e na Irlanda do Norte são consideravelmente diferentes, em muitos aspectos, do sistema inglês.

(¹²) V., mais desenvolvidamente, Diogo Freitas do Amaral e Mário Aroso de Almeida, *"Grandes linhas da reforma do Contencioso Administrativo"*, Almedina, Coimbra, 2002, já com três edições e uma reimpressão.

(¹³) De facto, as alíneas desse artigo são apenas 6, mas há três delas (as alíneas a), d) e f)) que comportam duas providências diferentes cada uma: daí o número global de 9, indicado no texto.

(¹⁴) DIOGO FREITAS DO AMARAL, *Direito Administrativo* (policopiado), vol. IV, 1988, pp. 304-305.

(¹⁵) W. SHAKESPEARE, *Hamlet*, I, 5.

(¹⁶) JEAN RIVERO e JEAN WALINE, *Droit Administratif*, 16.ª ed., Paris, 1996, col. "Dalloz", p. 194 (sublinhados nossos).

(¹⁷) Sublinhe-se que, no direito alemão, o efeito suspensivo automático desta providência cautelar tem conhecido, nos últimos anos, um número cada vez maior de excepções: é fácil de reconhecer qual é a tendência.

(¹⁸) São elas: (a) o n.º 1 do artigo 128.º do CPTA, que claramente admite que a execução do acto já tenha começado, ao dizer que "a autoridade administrativa, recebido o duplicado do requerimento [da suspensão], não pode iniciar *ou prosseguir* a execução (...)" – ora, se não pode prosseguir, é porque pode já tê-la iniciado; (b) o artigo 152.º do CPA permite que se notifiquem simultaneamente o acto principal e a ordem da sua execução (n.º 2), podendo esta ter início *logo após* a dupla notificação (n.º 1).

(¹⁹) É bastante evidente que os n.ºs 3 a 5 do citado artigo 143.º estão redigidos a pensar no caso do n.º 1 – excepções à norma geral do efeito suspensivo – e não, pelo menos directamente, para o caso do n.º 2 – excepções à norma excepcional do efeito devolutivo. Mas, havendo identidade de razão (e há), a lacuna da lei pode e deve ser suprida mediante a aplicação analógica, *mutatis mutandis*, dos n.ºˢ 3 a 5 (e, em especial, do n.º 5) ao caso das providências cautelares.

[20] Como, por exemplo, a solução francesa especial de 1953, que consiste em atribuir a competência jurisdicional sobre providências cautelares suspensivas a um tribunal administrativo superior, em certos casos mais graves em que esteja em causa o respeito devido à autoridade do Estado Democrático.

[21] V. MARCELLO CAETANO, *Manual de Direito Administrativo*, 4.ª ed., 1956, prefácio, pp. VI-VII.

[22] No prefácio à 1.ª edição do seu *Manual de Direito Administrativo*, de 1937 – que foi a primeira obra completa publicada em Portugal sobre este ramo do direito – escrevia com toda a verdade o jovem professor: "Na grande pobreza da nossa literatura jurídica destaca-se a quase indigência do Direito Administrativo. São raros os trabalhos doutrinais; não há um só compêndio sistemático da matéria. Duas ou três tentativas feitas para a publicação de umas "instituições" ou de um "curso", para uso escolar, ficaram nos primeiros princípios e são já tão antigas que nelas se desconhece o Direito Administrativo de hoje. Isso ou nada é, pois, a mesma coisa" (p.1).

[23] De 1958 a 1974: André Gonçalves Pereira e Diogo Freitas do Amaral; de 1987 a 2007: J. M. Sérvulo Correia, Fernando Alves Correia, J. C. Vieira de Andrade, A. Cândido de Oliveira, João Caupers, Maria da Glória Garcia, Vasco Pereira da Silva, Maria João Estorninho, Paulo Otero, L. F. Colaço Antunes, Mário Aroso de Almeida, Vital Moreira, David Duarte, Pedro Gonçalves, Luís Cabral de Moncada e Maria Alexandra Aragão. (Também se doutoraram na área do Direito Administrativo *lato sensu* Luís Fábrica, Carla Amado Gomes e Pedro Machete, mas as suas dissertações não estão ainda publicadas).

[24] Contamos apenas uma edição de cada autor.

Última Lição

(²⁵) De 1958 a 1974, Marcello Caetano; de 1974 a 1985, Mário Esteves de Oliveira e J. M. Sérvulo Correia; de 1986 a 2007, Diogo Freitas do Amaral, Marcelo Rebelo de Sousa, João Caupers, F. Alves Correia, José Carlos Vieira de Andrade, Mário Aroso de Almeida, Vasco Pereira da Silva, José Tavares, e J. E. Figueiredo Dias/Fernanda P. Oliveira.

(²⁶) O sublinhado vem no texto citado. Cfr. o nosso *Curso...*, I, p.138.

Anexos (*)

(*) A Editora agradece a oportunidade de acrescentar ao texto da "Última Lição" do Prof. Doutor Diogo Freitas do Amaral dois anexos que sintetizam adequadamente, no primeiro caso, a principal bibliografia científica do Autor e, no segundo, as mais importantes referências públicas feitas por terceiros à sua obra académica e à sua personalidade de universitário.

Anexo I

Principal bibliografia científica

A utilização do domínio público pelos particulares, Lisboa, 1965; ed. brasileira, S. Paulo, 1972.

A execução das sentenças dos tribunais administrativos, Lisboa, 1967; 2.ª ed., Coimbra, 1997.

Em co-autoria com José Pedro Fernandes, *Comentário à lei dos terrenos do domínio hídrico*, Coimbra, 1978.

Conceito e natureza do recurso hierárquico, I, Coimbra, 1981.

Curso de Direito Administrativo, I, Coimbra, 1986; 2.ª ed., 1994; 3.ª ed., com a colaboração de Luís Fábrica, Carla Amado Gomes e Jorge Pereira da Silva, 2006; II, com a colaboração de Lino Torgal, Coimbra, 2002.

História das ideias Políticas, I, Coimbra, 1998.

Manual de Introdução ao Direito, I, com a colaboração de Ravi Afonso Pereira, Coimbra, 2004.

Anexo I

Código do Procedimento Administrativo anotado (em colaboração), Coimbra, 1993; 2.ª ed., 1997; 3.ª ed., 1997; 4.ª ed., 2003; 5.ª ed., 2007 (no prelo).

Governos de gestão, Lisboa, 1985; 2.ª ed., Cascais, 2002.

Em co-autoria com Fausto de Quadros e J.C. Vieira de Andrade, *Aspectos jurídicos da empreitada de obras públicas*, Coimbra, 2002.

Estudos sobre concessões e outros actos da Administração, com Lino Torgal, Coimbra, 2002.

Grandes linhas da reforma do Contencioso Administrativo, com Mário Aroso de Almeida, Coimbra, 2003; 2.ª ed., 2003; 3.ª ed., 2004.

Estudos de Direito Público e matérias afins, 2 vols., Coimbra, 2004.

Anexo II

Referências

1. Prof. Doutor Marcello Caetano, *Manual de Direito Administrativo*, 10.ª ed., tomo I, Lisboa, 1973, p. VI:

"(...) Ao ver terminada a minha carreira universitária, consola-me sobretudo a ideia de que outros continuarão o labor a que me dediquei durante tantos anos com entusiasmo e vontade de bem servir. E de entre esses continuadores permitir-se-me-á que destaque o Doutor Diogo Freitas do Amaral, não só pela gratidão devida à amizade com que tem procurado não deixar parar a publicação deste livro, mas sobretudo pela admiração que me merece o raro conjunto de qualidades que o exornam como homem de ciência e universitário. Assim o futuro lhe seja propício como merece (...)".

Anexo II

2. Prof. Doutor Vasco G. Lobo Xavier, *Discurso proferido na Sala dos Capelos, em 17 de Julho de 1980, na cerimónia de doutoramento "honoris causa" do Presidente da República Federal Alemã, Karl Carstens* (*)

"(..) À nossa volta, por toda a Europa democrática, ao menos a do continente, sai-se da cátedra para a cadeira curul – e depara-se-nos uma longa série de homens ilustres (e alguns são dos mais eminentes estadistas dos seus países) em que se opera essa conjunção, natural e surpreendente, paradoxal e explicável, da vocação do universitário com a vocação do político.

Ao número desses homens ilustres pertence o doutorando de hoje. E pertence também aquela personalidade que este escolheu, de acordo com as nossas velhas praxes, para o apadrinhar no presente acto, e cujo perfil me incumbe a mim traçar aqui. O Senhor Doutor Diogo Pinto de Freitas do Amaral.

Sobre Freitas do Amaral, começarei por dizer que não há exemplo, na história recente das nossas Faculdades de Direito, de alguém haver, em tão breve tempo, conquistado a láurea doutoral – que é de uso demandar, ninguém o ignora, dilatados anos de esforço. Na verdade, licenciado em 1963, depois

---

(*) Separata do vol. XLI (1980) do Boletim da Faculdade de Direito da Universidade de Coimbra.

Anexo II

de ter obtido, como estudante, altas classificações e honrosos prémios escolares, Freitas do Amaral conclui brilhantemente no ano seguinte o curso complementar de ciências político-económicas, com uma dissertação em que afronta, revelando sólida preparação administrativista e mestria surpreendente em tão verdes anos, os problemas do regime e da construção dogmática do uso dos bens do domínio público pelos particulares. E eis que, apenas três anos volvidos, surge a prestar provas de doutoramento, é classificado com "muito bom com distinção" e ouve pronunciar autorizadamente os mais altos elogios acerca da dissertação apresentada.

Relendo hoje esse livro – *A execução das sentenças dos tribunais administrativos* –, podemos afirmar que logo aí – na natureza do próprio tema e no modo da sua abordagem, nas conclusões a que se chega e nos pontos de vista que se adoptam – aparecem definidas algumas linhas que se têm mantido capitais nas concepções de Freitas do Amaral como administrativista e até – se me é permitido dizê-lo – no seu ideário como homem político.

Tendo por objecto o estudo da execução das decisões proferidas contra a Administração pelos tribunais administrativos, a obra vem a traduzir-se na busca dos meios de garantir, com a suficiente consistência, a posição, frente ao Estado, dos particulares demandantes – e de realizar, assim, num dos seus aspectos, aquele Estado de Direito sob o signo do qual o autor expressamente se coloca. E Freitas do Amaral não se fica pela compreensão – aliás rasgada e inovadora – dos preceitos e princípios então vigentes, ou sequer pela atilada crítica do direito legislado ou pelas criteriosas sugestões *de lege ferenda*: acentua o papel das "pressões da opinião pública sobre as autoridades" e das "formas de fiscalização política da actividade governativa" e, transcendendo um estreito legalismo ou juridicismo, manifesta a percepção clara de que, para a satisfação dos fins almejados, o que fundamentalmente importa é – são palavras do jovem doutorando de 1967 – "firmar o prestígio dos tribunais, afeiçoar a consciência dos agentes da Administração ao respeito da lei e ao acatamento das sentenças, criar o hábito da litigância legítima, manter os tribunais libertos das pressões do Poder e garantir a contenção deste nos limites que a lei lhe define".

Uma carreira jurídica e académica assim tão fulgurantemente iniciada tem-na Freitas do Amaral continuado até ao presente, como Professor de Direito Administrativo na Faculdade de Direito de Lisboa e na Universidade Católica Portuguesa, onde também ensina Ciência da Administração, e como autor de estudos e artigos e expositor em conferências e cursos sobre temas de Direito Administrativo, de Ciência Política e de Direito Constitucional. E por todas estas formas tem honrado aquela escola de Direito Público que é legítimo orgulho da Faculdade em que se formou.

Anexo II

Uma carreira académica que tem continuado até ao presente, disse eu. Mas uma carreira que nos últimos anos vem sofrendo os contratempos e as interrupções de uma intensa actividade política e que só por isso não foi ainda concluída, com o ascenso aos últimos escalões do professorado – praticamente terminada, como se encontra já, a preparação dos correspondentes concursos. Pois, em dado momento da nossa existência colectiva, Freitas do Amaral, numa decisão da sua consciência cívica a que ninguém negará coragem e de que os universitários autênticos saberão avaliar o sacrifício, optou por uma intervenção activa na vida pública. E cedo se elevou, como todos sabemos, a um dos lugares mais destacados da cena política nacional: em 1974 é membro do Conselho de Estado e funda o partido político a que hoje preside; em 1975 é eleito deputado à Assembleia Constituinte e em 1976 deputado à Assembleia da República, para a qual em 1979 é reeleito; e neste momento, e desde Janeiro do presente ano, ocupa os cargos de Vice-Primeiro Ministro e de Ministro dos Negócios Estrangeiros.

Não me consentem decerto esta ocasião e este local de concórdia fraterna entrar na apreciação da carreira política de Freitas do Amaral e do papel – naturalmente discutido, ao sabor das opiniões e das ideologias – que nesse particular tem desempenhado na vida portuguesa. Vale também para aqui o mesmo género de limites que ao exercício da docência impõe aquela severa ética universitária que na minha Escola me ensinaram, com o exemplo, os mestres que me formaram. Mas creio que me será lícito sublinhar duas notas, que não irão mal ao momento e ao lugar.

A primeira é a de que o doutorando – que, como já aqui nos foi dito, se tem afirmado um partidário resoluto da unidade política da Europa e é, além disso, um especialista em direito comunitário europeu –, ao escolher Freitas do Amaral para o apadrinhar neste acto, quis distinguir um homem político também europeísta: um homem político que não só mantém os mais estreitos laços com a sua família ideológica dos vários países da Europa – é Vice--Presidente da União Europeia das Democracias Cristãs – como ainda se tem revelado um convicto propugnador da integração europeia em Portugal.

A segunda nota diz respeito àquilo a que eu chamaria o *estilo*, se assim me posso exprimir, da actuação de Freitas do Amaral na vida pública – e que é, atrevo-me a dizê-lo, o estilo de um político que deixa adivinhar o *scholarman*: uma serenidade e um comedimento, um certo rigor de discurso, um gosto de clareza, um quase didactismo de elocução e exposição, que tudo corresponde àquela *forma mentis*, àquela compleição intelectual e anímica e àquele modo de expressão que nos habituamos justamente a considerar próprios e típicos do verdadeiro docente universitário (...)".

Anexo II

3. Prof. Doutor Manuel Braga da Cruz, *Discurso proferido na Universidade Aberta, Lisboa, em 16 de Junho de 1998, na cerimónia de doutoramento "honoris causa" da Prof.ª. Luísa Salo-Lee*.

"(...) Quis a Universidade Aberta dar-me o privilégio de vir aqui hoje proferir o elogio do Prof. Doutor Diogo Freitas do Amaral, como padrinho da nova doutora *honoris causa*.

Confesso que hesitei e resisti ao atrevimento da sua aceitação, não apenas porque, não tendo formação jurídica, me falta competência para apreciar em toda a sua dimensão a obra e a figura do eminente juspublicista português que é o Prof. Freitas do Amaral, mas também por não pertencer ao claustro magistral desta tão inovadora e promissora instituição que é a Universidade Aberta.

Mas a reitoria da Universidade, fazendo jus ao nome, insistiu que devia abrir as suas portas, para além dos limites tradicionais da praxe académica, a alguém que não sendo dela, nem sendo jurista, aqui viesse enaltecer os imensos méritos de uma das maiores figuras públicas portuguesas deste último quarto de século.

Aceitei fazê-lo porque me é dada a rara oportunidade de, como académico e como cidadão, poder manifestar publicamente o que sinto que todos devemos à figura ímpar de professor e de estadista do Prof. Freitas do Amaral.

Anexo II

É que os méritos que me cumpre pôr em evidência não se confinam nem ao direito nem à ciência. Antes de mais, porque o Prof. Freitas do Amaral não é apenas um exímio cultor das ciências jurídico--administrativas, mas também um culto e erudito académico dedicado à ciência política, à teoria política e à história das ideias e das instituições. O seu prestígio académico de há muito que ultrapassou o mero âmbito do direito em que se formou e doutorou, para se estender a outras áreas científicas.

Mas, sobretudo, porque o que mais notabilizou o Prof. Freitas do Amaral, como figura pública, foi ter sido (e continua a ser, por graça de Deus, e felicidade nossa) um dos pais fundadores do regime democrático português, o mais novo – e por isso mesmo o mais promissor ainda – dos que moldaram o quadro político-jurídico da democracia em que vivemos há um quarto de século, e dos que proporcionaram a Portugal um novo enquadramento e uma nova integração internacional.

Como membro do primeiro Conselho de Estado imediatamente posterior ao 25 de Abril de 1974, como fundador e presidente do CDS, como constituinte crítico e como resistente às tentativas de destruição dos sonhos democráticos ao longo da transição revolucionária, como dirigente da Aliança Democrática e membro de vários dos seus governos – onde ocupou os lugares cimeiros de Vice-Primeiro--Ministro, de Ministro dos Negócios Estrangeiros e de Ministro da Defesa Nacional – e como candidato

Anexo II

à Presidência da República nas eleições que civilizaram definitivamente o regime democrático português, o Prof. Freitas do Amaral é de facto um dos grandes construtores da democracia portuguesa. Um fundador atento e insatisfeito, que não se limita a comprazer-se na obra realizada, mas que não hesita em apontar-lhe as limitações e a sugerir-lhe caminhos de rectificação e de melhoramento, como o fez variadas vezes, mas de forma eloquente com a publicação, em 1985, de *Uma Solução para Portugal*.

Ao mesmo tempo, como primeiro português a ocupar a Presidência da União Europeia das Democracias Cristãs, e sobretudo a Presidência da Assembleia Geral das Nações Unidas, precisamente no cinquentenário da sua fundação, tendo tido nessa qualidade o privilégio de dar início ao importante processo de reforma da organização, e ainda como actual presidente do Conselho Directivo do Conselho Português do Movimento Europeu, o Prof. Freitas do Amaral é também um dos mais eminentes construtores do novo papel de Portugal no mundo. Papel de que lamentavelmente andou afastado por uns anos, enjeitando propostas como aquela que o Prof. Freitas do Amaral entendeu revelar com a publicação em 1994 de *Uma Tentativa Falhada de Acordo Portugal-Estados Unidos da América sobre o Futuro do Ultramar Português*.

Como político e como estadista, o Prof. Freitas do Amaral contribuiu decididamente para a democratização e europeização não apenas do Estado mas

Anexo II

também da sociedade portuguesa. Se outros democratizaram a esquerda, ele contribuiu, e de forma marcante, para a modernização dos sectores mais conservadores do país, e para a sua aceitação de um projecto europeu para Portugal.

Como verdadeiro líder político, andou sempre à frente daqueles que representava, modernizando a tradição, apontando caminhos mais avançados que era imperioso trilhar. Por isso resumiu um dia as suas preocupações políticas com o levar "Prá frente Portugal".

Mas o Prof. Freitas do Amaral, antes de ser político e estadista, foi, e nunca deixou der ser, um eminente académico, empenhado aí também na modernização da Universidade. Desde estudante da Faculdade de Direito, a cuja Assembleia Geral da Associação de Estudantes presidiu, nos começos da década de 60, até à recente Comissão Instaladora da Faculdade de Direito da Universidade Nova de Lisboa, passando pelas sucessivas presidências do Conselho Científico da Faculdade de Direito de Lisboa, e pela docência na Universidade Católica em Lisboa, o Prof. Freitas do Amaral tem vivido, na Universidade como na política, apostado na inovação e no progresso. Não apenas em termos institucionais, mas também em termos científicos, empenhando-se na abertura de horizontes científicos ao Direito Público.

Na tradição aliás da escola onde se formou, o Prof. Freitas do Amaral tem insistido quer na abertura do Direito Administrativo à Ciência da Administração, quer na do Direito Constitucional à Ciência Política. Atestam essa preocupação as lições que publicou, mas melhor ainda a comprovam os novos moldes em que o ensino do direito se está a processar na nova Faculdade de Direito a que preside, com a articulação interdisciplinar das ciências jurídicas com as modernas ciências sociais.

Como cultor da Ciência Política, a par do Direito Constitucional, o Prof. Freitas do Amaral não se limitou, na tradição clássica do ensino jurídico, à teoria geral do Estado, mas dedicou também especial atenção à teoria política e à história das ideias políticas, com particular incidência sobre os pensadores políticos do dealbar da era moderna, e ainda à política institucional comparada, nomeadamente aos sistemas políticos, especialmente os sistemas eleitorais e os sistemas de governo, sem esquecer os sistemas de partidos.

No domínio da Ciência da Administração, que cultiva em articulação com o Direito Administrativo, o Prof. Freitas do Amaral tem-se debruçado sobre os modernos problemas do urbanismo, do ordenamento do território e do ambiente, sem descurar os problemas, antigos e novos, da organização do Estado e da administração, em especial os da reforma administrativa, da descentralização e da reorganização dos ministérios.

A sua formação e actividade científicas marcaram, aliás, decididamente, a sua actuação como governante e como político, onde se empenhou na reali-

Anexo II

zação de importantes reformas, desde a revisão constitucional de 1982, para a qual apresentou e publicou um projecto próprio, até à promulgação da Lei de Defesa Nacional e das Forças Armadas, de que foi responsável máximo, e que saldou a definitiva subordinação do poder militar ao poder político democrático, passando pelo ênfase posto na necessidade da reforma administrativa e, dentro dela, da regionalização administrativa, para a qual promoveu um debate em torno da resolução a que ligou o seu nome.

Minhas senhoras e meus senhores:
Seria impossível, no curto espaço de tempo desta breve invocação dos méritos do padrinho da nossa nova doutora, assinalar tudo o que de relevante tem uma tão vasta obra pública e académica como a do Prof. Freitas do Amaral. Um traço há, porém, constante em toda ela, que não pode deixar de ser realçado: a clareza expositiva, a finura da inteligência, a elegância da abordagem de pessoas e temas, a firme mas serena defesa intransigente dos princípios. Se para isso contribui uma excepcional personalidade e uma exemplar educação familiar marcada pelas nobres tradições portuguesas do Minho, que tão claramente nos deixou documentadas nas suas recentes memórias, não é menos verdade que o invulgar protagonismo académico e político do Prof. Freitas do Amaral muito deve ao ideário cristão e democrático que tem informado a sua vida e que o aproxima,

Anexo II

separado embora pelos anos, dos grandes construtores da moderna União Europeia.

É desta figura eminente, de universitário e de cidadão português e europeu, que a Universidade Aberta recebe hoje o aval da honra que se propõe conferir à nova doutorada aqui presente, e de quem me foi dado o privilégio de pôr em evidência, modesta mas convictamente, o que todos os portugueses e todos os estudiosos da política e da administração lhe devem (...)".

Anexo II

4. *Extracto da acta da reunião do Conselho Científico da Faculdade de Direito da Universidade Nova de Lisboa, de 24 de Janeiro de 2007*:

"(...) Diogo Freitas do Amaral foi o fundador da Faculdade de Direito da Universidade Nova de Lisboa. Teve a ideia, tomou a iniciativa, persuadiu o Reitor e o Ministro da Educação, escolheu os membros da Comissão Instaladora, a que presidiu, concebeu a maioria das inovações científicas e pedagógicas, assegurou o financiamento e as instalações provisórias, convidou os primeiros professores. A sua imagem pública foi decisiva para o prestígio da Faculdade e para a qualidade dos estudantes que, no ano de abertura, preferiram a nossa Faculdade.

Foi o primeiro Director e o primeiro presidente do Conselho Científico. Em todos os órgãos a que presidiu, conciliou a autoridade natural com o entusiasmo contagiante, a tolerância e o acolhimento da iniciativa dos outros.

Enquanto professor, deu exemplo prático de um novo método de ensinar direito. A regência da disciplina de Introdução ao Direito foi fundamental para inserir os estudantes na comunidade académica e despertar o gosto pelo estudo e pelas profissões jurídicas.

O Conselho Científico, no dia em que toma conhecimento da aposentação do Professor Freitas do Amaral, presta-lhe homenagem e manifesta-lhe o

Anexo II

desejo de que a Faculdade continue a beneficiar da sua sabedoria e da sua generosidade (...)".

O Presidente do Conselho Científico,
ANTÓNIO MANUEL HESPANHA

A Vice-Presidente do Conselho Científico,
MARIA LÚCIA AMARAL

A Secretária da Faculdade,
TERESA MARGARIDA PIRES

Anexo II

5. *Opinião de um antigo aluno*:

"Freitas do Amaral deu por encerrado um importante capítulo da sua vida, o de professor universitário. Do muito que se pode dizer sobre esta personalidade incontornável da nossa história recente, nesta hora, muita gente qualificada sublinhará o papel fundamental que Freitas do Amaral desempenhou enquanto catedrático e cientista do Direito português. Pessoalmente, tenho o privilégio de o recordar pelas suas aulas de Direito Administrativo, na Faculdade de Direito da Universidade de Lisboa. E não só pela clareza ímpar do seu raciocínio jurídico ou por o ter visto continuar a produzir «ciência» já depois de consagrado, ao contrário de outros «mestres». Recordo-o, também, e com muito agrado, pelo respeito que tinha pelos seus alunos, numa escola que parecia fazer ponto de honra em manter professores que, abusando do poder da sua cátedra, davam provas de uma inacreditável mediocridade intelectual e humana. Para quem começava a ter noção da desgraçada realidade em que navegava o ensino superior nos anos 80, Freitas do Amaral era, claramente, a prova de que é possível ser-se um mestre, ter o peso e infundir o respeito próprios de um mestre, sem se ser um triste de espírito.

Curiosamente, foi também com Freitas do Amaral que, ainda estudante, dei os primeiros passos no jornalismo. Mais coisa, menos coisa, lembro-me de ter escrito, então, nas páginas do desaparecido *Tempo*:

Anexo II

«Nas estruturas directivas da Faculdade de Direito de Lisboa, Freitas do Amaral é a extrema esquerda.» Como, naquela altura, a direita não tinha dúvidas em considerar Freitas do Amaral como um dos seus, a frase dizia tanto da Faculdade de Direito de Lisboa da época como dizia do professor e do exemplo que dava aos seus alunos, de respeito pelo Direito, pelos valores fundamentais de uma sociedade democrática e, em particular, pela pessoa humana. Um exemplo a louvar, sobretudo quando dado numa escola que tantos quadros políticos sempre forneceu ao país.

Olhando para o que continua a acontecer no Ensino Superior, esse mesmo País tem ainda muito que aprender com o seu exemplo".

PEDRO CAMACHO, *Visão*,
24 de Maio de 2007, p. 52

Índice

Nota Introdutória 4

A evolução
do Direito Administrativo Português
nos últimos 50 anos

Introdução 11

I. Do Direito Administrativo do Estado Novo
ao Direito Administrativo da Democracia (1958-1990) .. 13

II. As grandes reformas estruturais (1991-2006) 21
   a) *Preliminares* 21
   b) *O Código do Procedimento Administrativo, de 1991* 23
   c) *A reforma do contencioso administrativo, de 2002* 28

III. A evolução da Ciência do Direito Administrativo
portuguesa nos últimos 50 anos 43

Conclusão 55

Anexos

Anexo I – Principal bibliografia científica 65

Anexo II – Referências 67